우쿨렐레 연주곡집

우크페페

우쿨렐레 소품집

Vol. 2

score

여는말

알로하!
세 번째 '우크페페'가 열리게 되었습니다.
참 다행입니다.

사실, 그 어느 해보다 험난한 여정이었습니다.
소품집에 실을 곡을 선곡하고, 악보를 만들면서도 순간순간 마음 한 켠엔 빨간 불이 켜졌습니다.
세상 물정 모른다며 순진함을 타박하던 분들의 목소리가 유난히 귀에 맴돌았고
할 수 있다!는 믿음보다 할 수 있을까?란 의문이 더 크게 울렸습니다.

그럼에도 불구하고,
'우크페페'가 언제나 그 자리에 있기를 소망하는 소중한 마음들이 하나 둘 모였습니다.
분명 작아졌지만, 그렇기에 더욱 단단해진 그 마음들이 세찬 물살을 이겨낼 노둣돌이 되어주었습니다.

그 소중한 마음에 비하면 이 소품집은 보잘것없는 것인지도 모릅니다.
그러나 저 또한 '우크페페'가 언제나 그 자리에 있기를 원하는 한 사람으로서
제가 지닌 재능과 열정을 모두 쏟아 오롯이 담고자 노력했습니다.

이 소품집이 여러분의 일상을 식히는 잠깐의 하와이가 되기를,
앞으로 오래도록 '우크페페'가 열리는 데 작은 힘이 될 수 있기를 진심으로 소망합니다.

2015 세 번째 '우크페페'를 앞두고, 찰리

"본 소품집은 우쿨렐레 피크닉의 리더이자 '우크페페' 음악감독인
우쿨렐리스트 찰리의 재능기부로 제작되었습니다.
저자의 인세는 100% 모두 '우크페페'에 후원됩니다."

차례

찰리의 우쿨레레 스케일

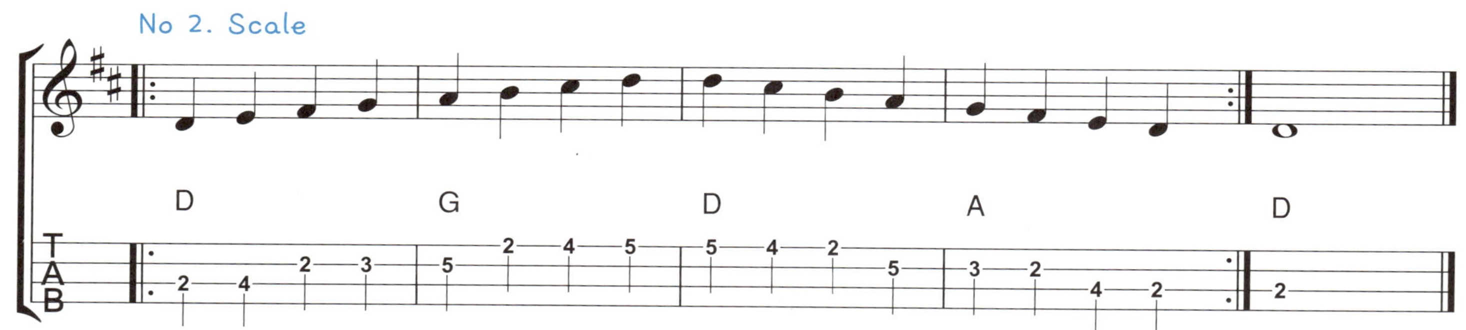

자주 나오는 코드 구성

1 2 3 4 5 6 7
C Dm Em F G7 Am Bm7(♭5)
G Am Bm C D7 Em F#m7(♭5)
D Em F#m G A7 Bm C#m7(♭5)
A Bm C#m D E7 F#m G#m7(♭5)
4fr
E F#m G#m A B7 C#m D#m7(♭5)
4fr
F Gm Am B♭ C7 Dm Em7(♭5)
B♭ Cm Dm E♭ F7 Gm Am7(♭5)
E♭ Fm Gm A♭ B♭7 Cm Dm7(♭5)

가을 우체국 앞에서

김현성 작사
김현성 작곡
윤도현 노래

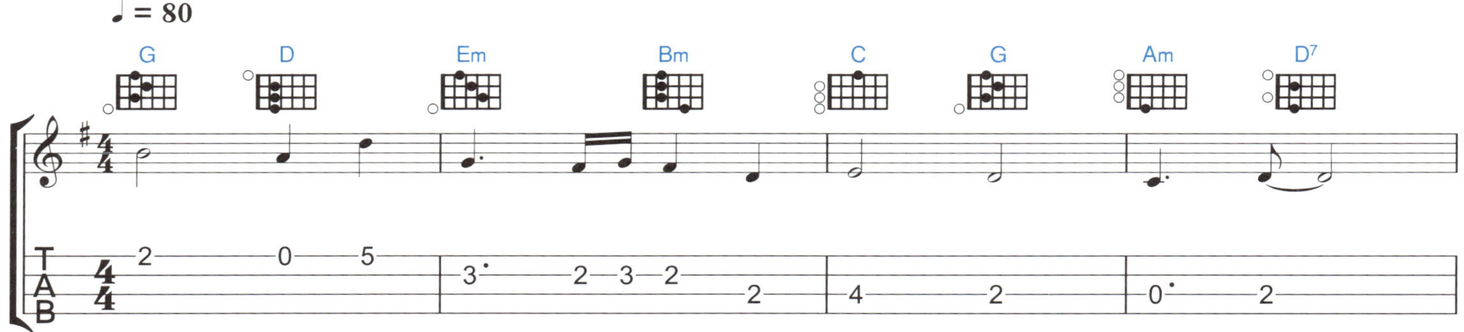

♩ = 80
G D Em Bm C G Am D7

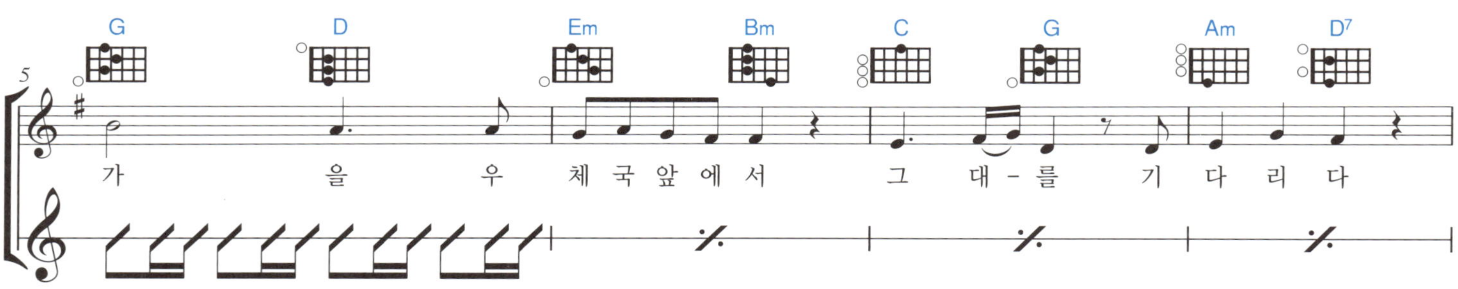

G D Em Bm C G Am D7
가 을 우 체 국앞에서 그 대-를 기 다 리 다

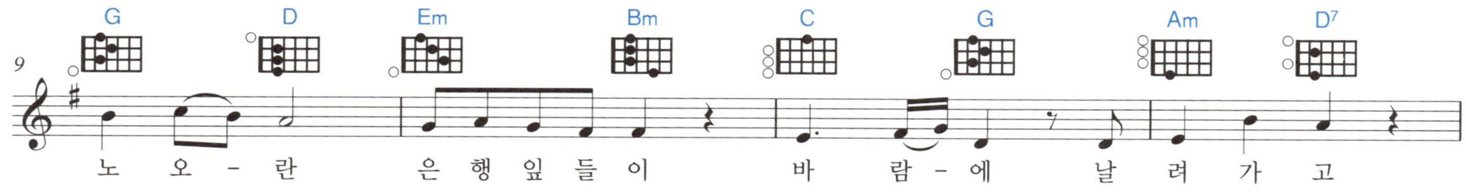

G D Em Bm C G Am D7
노 오 - 란 은 행잎들이 바 람-에 날 려 가 고

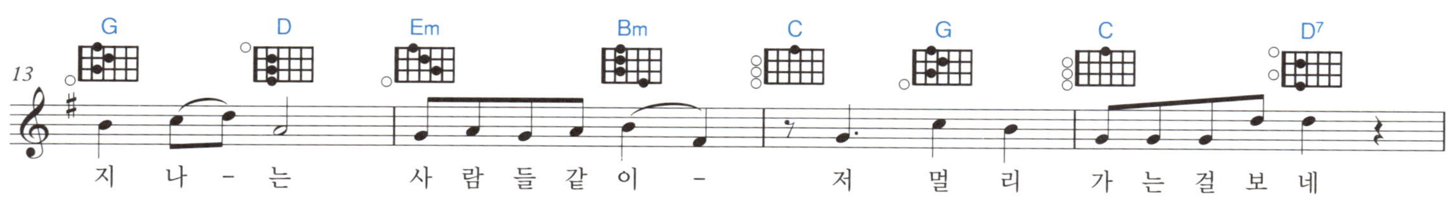

G D Em Bm C G C D7
지 나 - 는 사 람 들같이- 저 멀 리 가 는걸보네

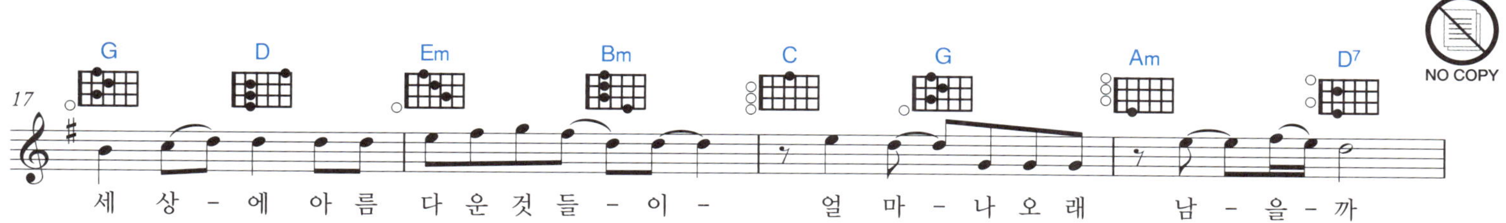
세 상 - 에 아 름 다 운 것 들 - 이 - 얼 마 - 나 오 래 남 - 을 -을 -까

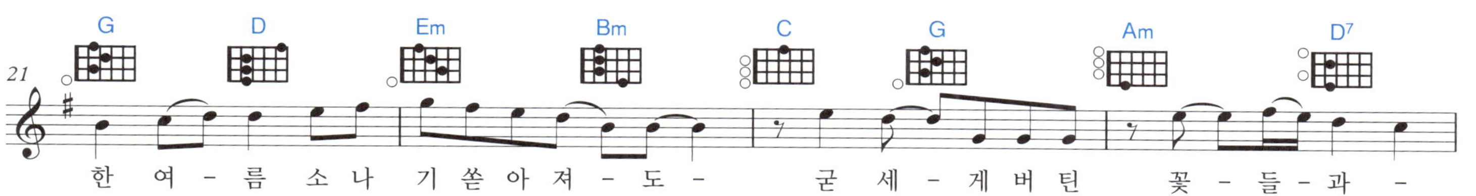
한 여 - 름 소 나 기 쏟 아 져 - 도 - 굳 세 - 게 버 틴 꽃 - 들 - 과 -

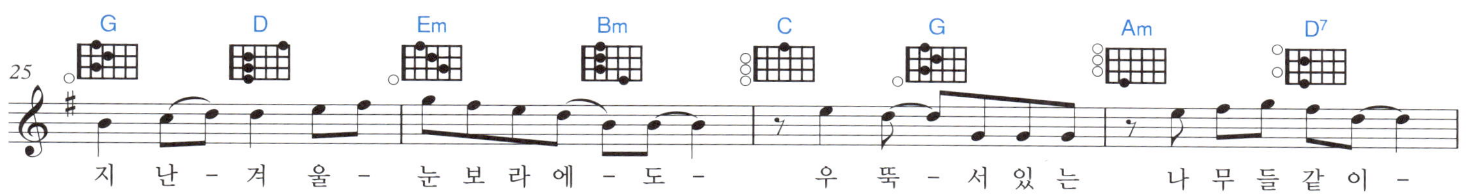
지 난 - 겨 울 - 눈 보 라 에 - 도 - 우 뚝 - 서 있 는 나 무 들 같 이 -

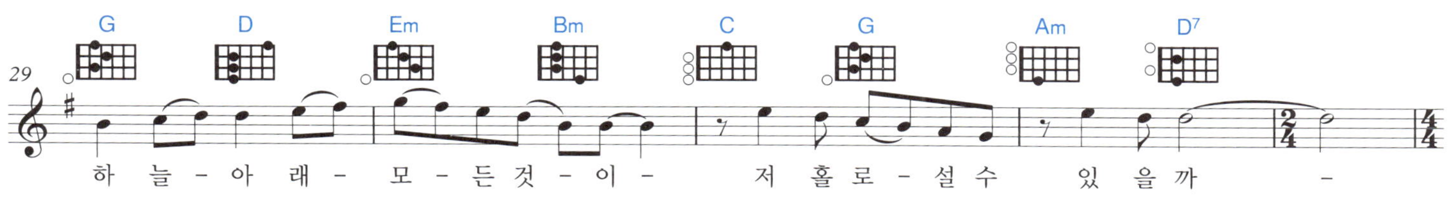
하 늘 - 아 래 - 모 - 든 것 - 이 - 저 홀 로 - 설 수 있 을 까 -

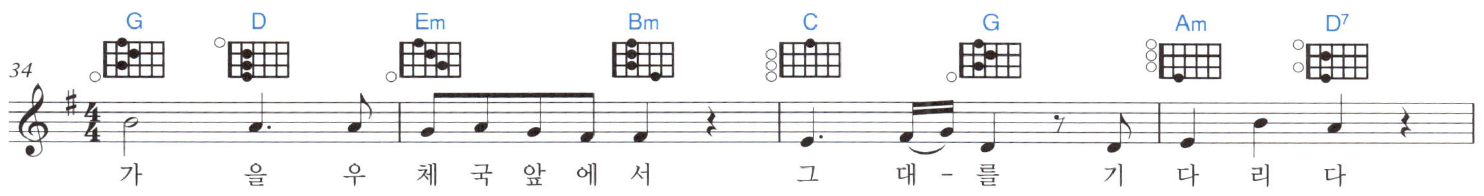
가 을 우 체 국 앞 에 서 그 대 - 를 기 다 리 다

우 연 - 한 생 각 에 빠 져 - 날 저 물 도 록

몰 랐 네 날 저 물 도 록 몰 랐 네

그대에게

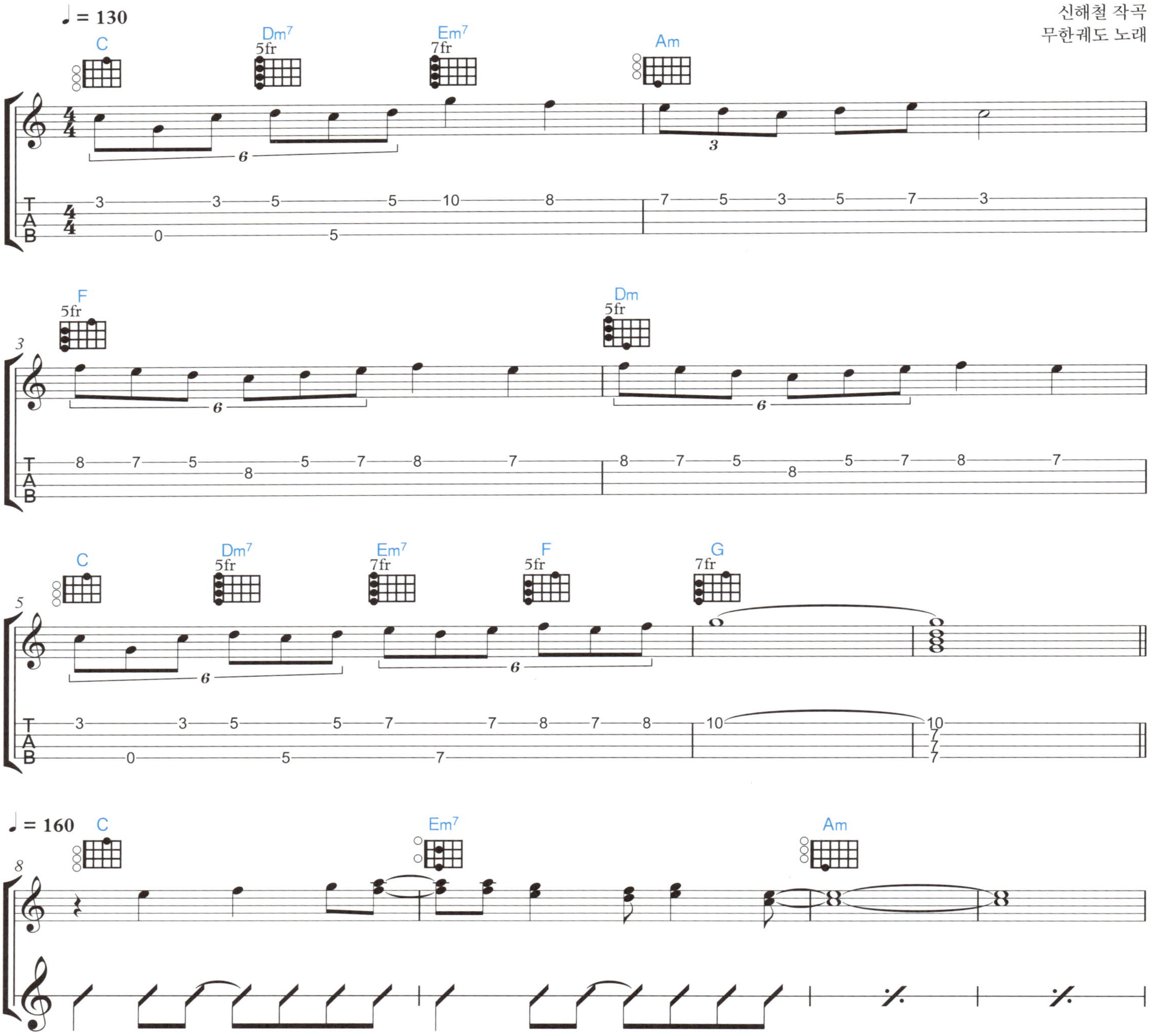

F   Dm   G(SUS4)   G   F   G
NO COPY
C   Em7   Am
숨가쁘게 살 – 아 가 는 순 간 속 – 에 도 –
F   Dm   G
우 린 서 로 이 – 렇 게 아 쉬 워 하 는 걸
C   Em7   Am
아 직 내 게 남 – 아 있 는 많 은 날 – 들 을 –
F   Dm   G
그 대 와 둘 이 서 나 누 고 싶 – 어 – 요 –
F   G   Em7
내 가 사 랑 – 한 그 모 든 것 을 다 잃 는 다

해 도 그 대 를
포 기 할 수
없 - 어 요
이 세 상 어 - 느 곳 에 서 - 도 -
나 는 그 대 숨 결 을 느 낄 수 있 어 요
내 삶 이 끝 - 나 는 날 까 - - 지 -
나 는 언 제 나 그 대 곁 에 있 겠 어 요

NO COPY
내 삶이 끝 - 나 는 날 까 - 지 -
나 는 언 제 나 그 대 곁 에 있 겠 어 요
이 세 상 어 - 느 곳 에 서 - - 도 -
나 는 그 대 숨 결 을 느 낄 수 있 어 요
내 삶이 끝 날 때 까 지 언 제 나 그 댈 사 랑 해
우 - - - - - - - - - - - - - - 우 - -

마음

아이유 작사
아이유, 김제휘 작곡
아이유 노래

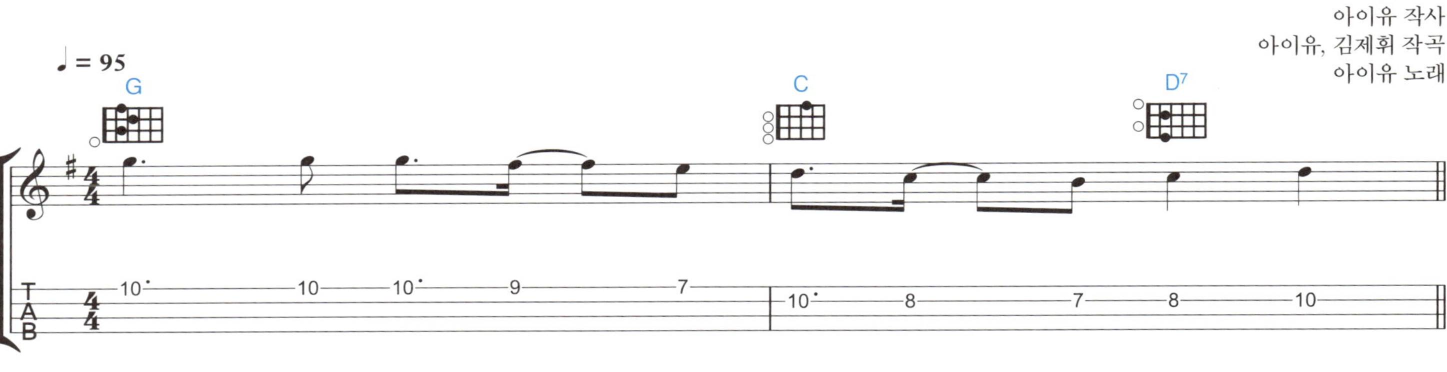

NO COPY
반 짝 살아 있어 - 요   영 영 살아 있어 - 요
영 영 살아 있어 - 요
눈 을 - 떼
반 짝 살아 있어 - 요   세 상 모 든 - 게 죽 고 - 새 로 태 - 어 나 다
시 늙 어 갈 때 - 에 - 도   감 히 이 마 - 음 만 은 - 주 름 도 - 없 이 여 기 반 짝 살 아 있 어 - 요
영 영 살 아 있 어 요   영 영 살 아 있 어 - 요

밤이 깊었네

한경록 작사
한경록 작곡
우쿨렐레피크닉 노래

곡 진행순서를 꼭 참고하세요.
A-B-C-D-E-F-C-C-G

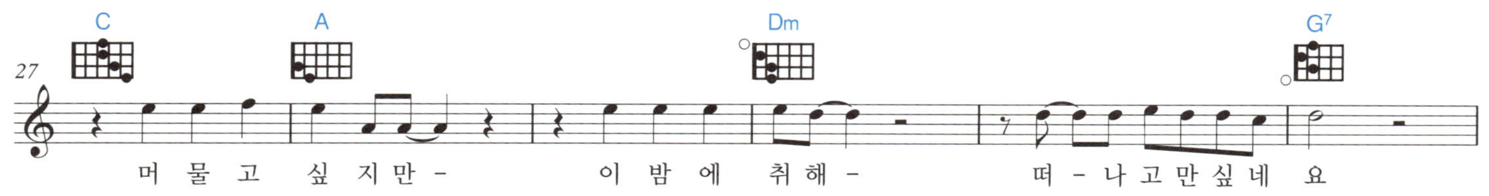

이 슬 픔 을 알 랑 가 모 르 겟 어 요 나 의 구 두 여 -
너 만 은 떠 나 지 마 오 (워 - - - -) 하 나 둘 피 어 오 는 어 린 시 절
가 지 마 라 가 지 마 라
동 화 같 은 별 을 보 면 서 오 늘 밤 술 에 취 한 마 차 타 고 지 친 달 을 따 러 가 야
나 를 두 고 떠 나 지 마 라 오 늘 밤 새 - 빨 간 꽃 잎 처 럼 그 대 발 에 머 물 고 싶
지 우 어 밤 이 깊 었 네
방 황 하 며 노 래 하 는 불 빛 들 - 이 밤 에 취 해 - 흔 - 들 리 고 있 네 요

NO COPY
가 지 마 라 가 지 마 라 나 를 두 고 떠 나 지 마 라
오 늘 밤
새 - 빨 간 꽃 잎 처 럼 그 대 발 에 머 물 고 싶 어
우
딱 - 한 번 만 이 라 도
(워 - - -
-)

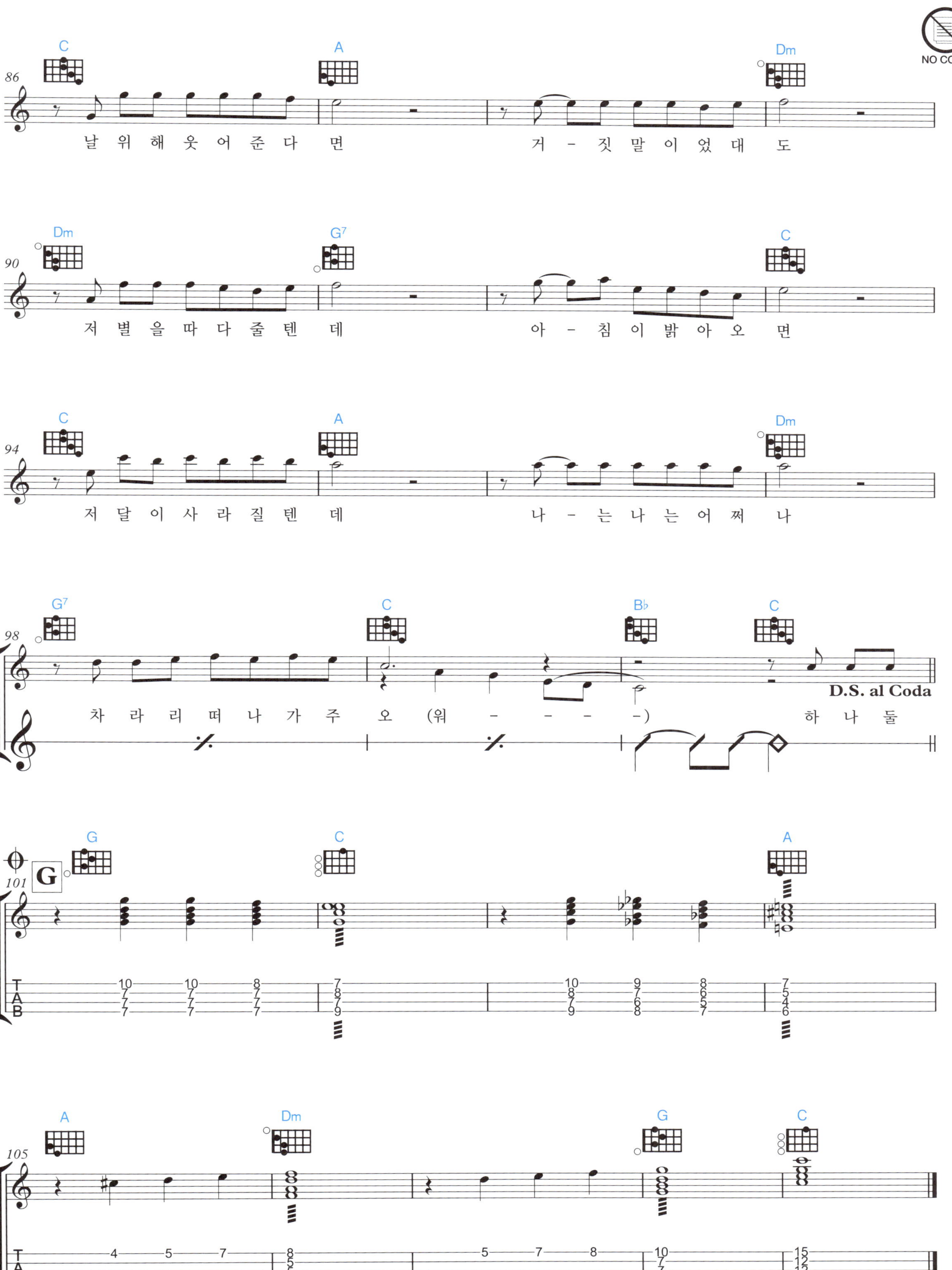

C   A   Dm
날 위 해 웃 어 준 다 면   거 - 짓 말 이 었 대 도

Dm   G⁷   C
저 별 을 따 다 줄 텐 데   아 - 침 이 밝 아 오 면

C   A   Dm
저 달 이 사 라 질 텐 데   나 - 는 나 는 어 쩌 나

G⁷   C   B♭   C
차 라 리 떠 나 가 주 오 (워 - - -)   하 나 둘

D.S. al Coda

G   C   A

G   C   A

A   Dm   G   C

봄이 와

ABCDE-BCDF-CD-G
순서에 주의하세요.

김현철 작사
김현철 작곡
김현철(feat. 롤러코스터) 노래

♩ = 110

A
A

B
Bm7   A

나 는 잠 - 이 와 -   오 는 잠 - 에 나 - 른 해 지 고 -
봄 이 오 - 며 는 -   산 에 들 - 에 진 - 달 래 피 고 -

Bm7   A

눈 이 무 - 거 워 -   무 거 운 - 눈 꺼 - 풀 이 싫 어 -
햇 볕 은 - 쨍 쨍 -   모 래 알 - 은 반 - 짝 거 리 고 -

C
DM7   C#m7

다 - 좋 - 은 데 -   딱 한 가 - 지 안 - 좋 은 것 은 -

F#7   Bm7   E6 4fr   E 4fr

눈 뜰 수 가 없 - 네 -   눈 을 뜰 수 - 가 없 네 -   봄 - 이 와

봄 - 이 와 - - 아 - 그 - 대 와
- 함 께 - 라 좋 - 아 라 - 봄 - 이 와
- - 아 - 봄 - 이 와 - - 아 - 그 - 대 와 - 함 께
- 라 좋 - 아 라 -
D.S. al Coda

사는게 니나노

민요 태평가
우쿨렐레피크닉 편곡
우쿨렐레피크닉 노래

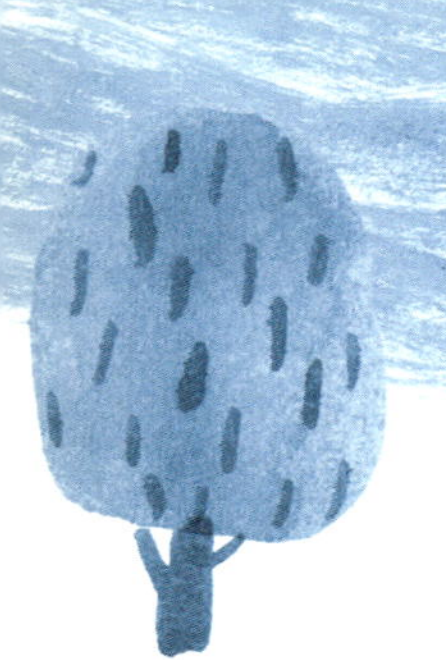

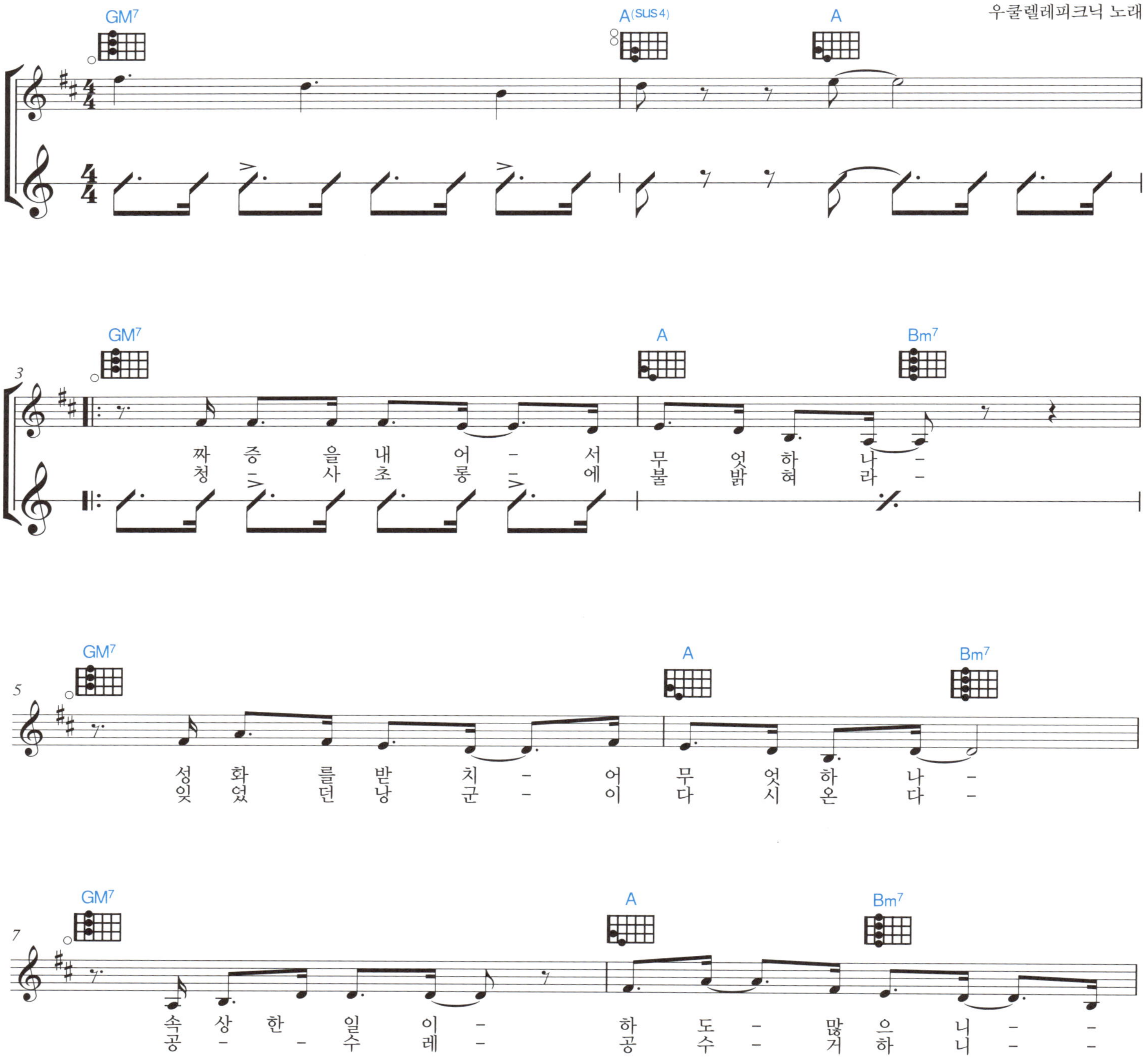

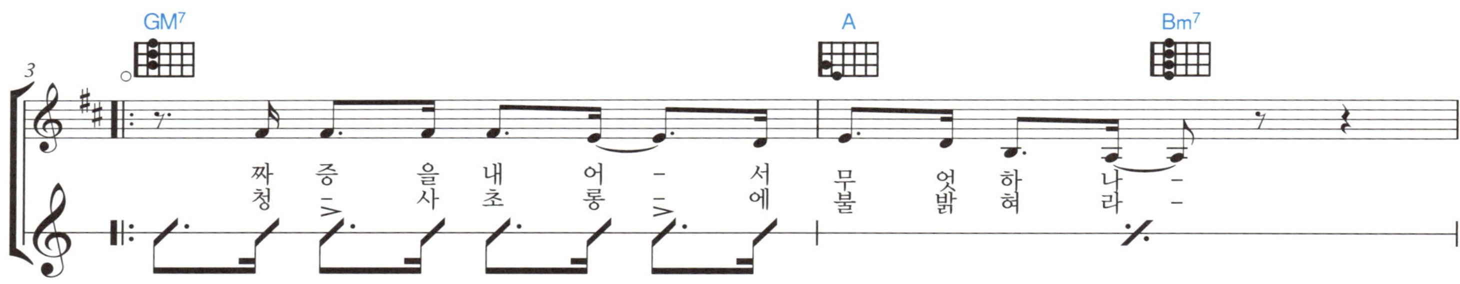

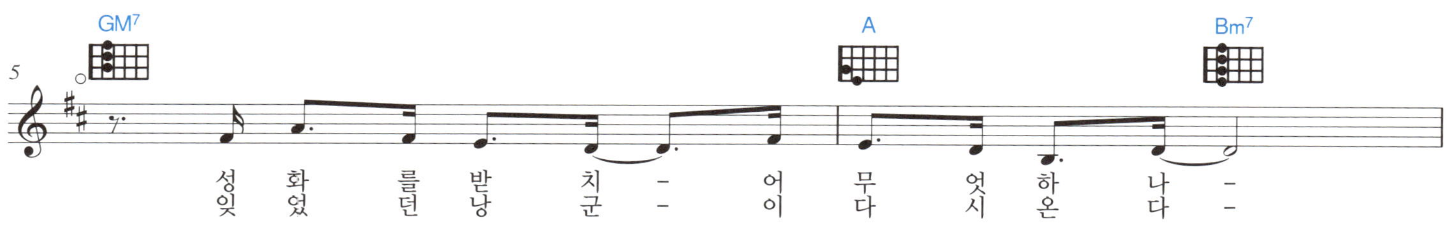

놀 기 도 하 면 - 서 살 아 가 세 -
아 니 나 노 지 - 는 못 하 리 라 -
니 나 노 - 아 아 - 닐
- 리 리 야 닐 리 리 야 니 나 노 - 얼
- 싸 - 좋 아 어 - 얼 씨 구 좋 다 - 벌 - - 나 - 비 - 는
이 리 저 리 펄 펄 - 펄 꽃 - 을 찾 아 - 서 날 아 든 다 -

안녕하세요

강기영 작사
강기영, 박현준, 이윤정 작곡
이병훈 편곡
우쿨렐레피크닉 노래

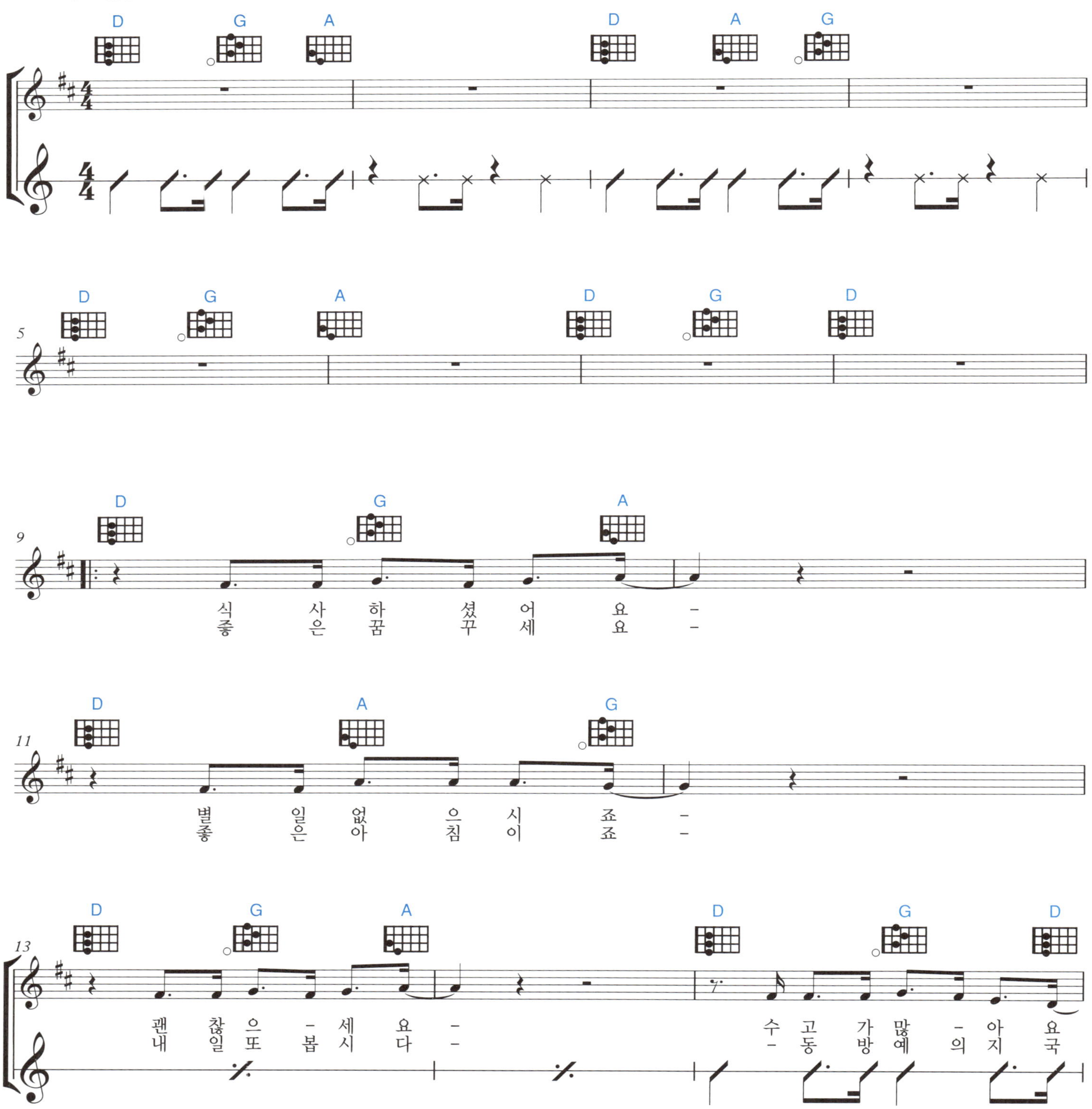

♩ = 135

식 사 하 셨 어 요 -
좋 은 꿈 꾸 세 요 -

별 일 은 없 아 으 침 이 죠 -
좋 은 아 침 이 죠 -

괜 찮 으 -세 요 - 수 고 가 많 -아 요
내 일 또 봅 시 다 - -동 방 예 의 지 국

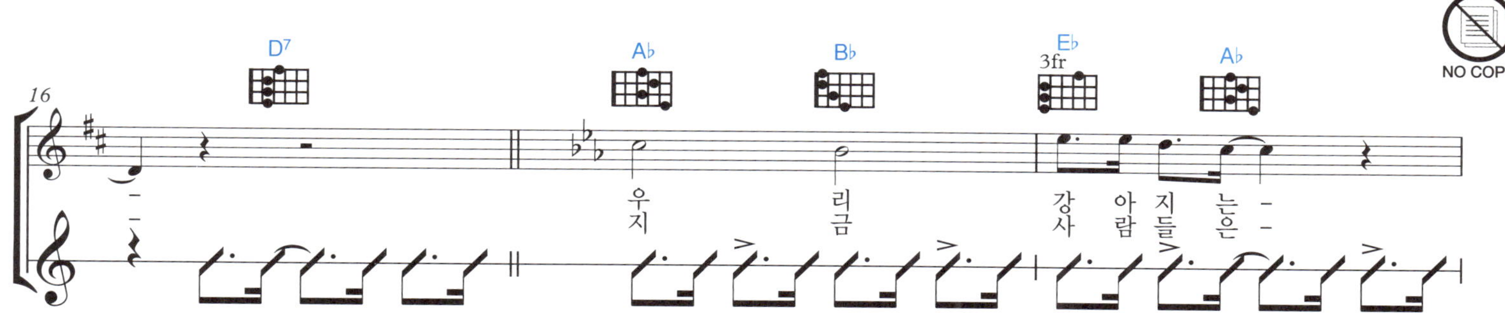
D7 Ab Bb Eb 3fr Ab
우지 리금 강아지는 사람들은
NO COPY

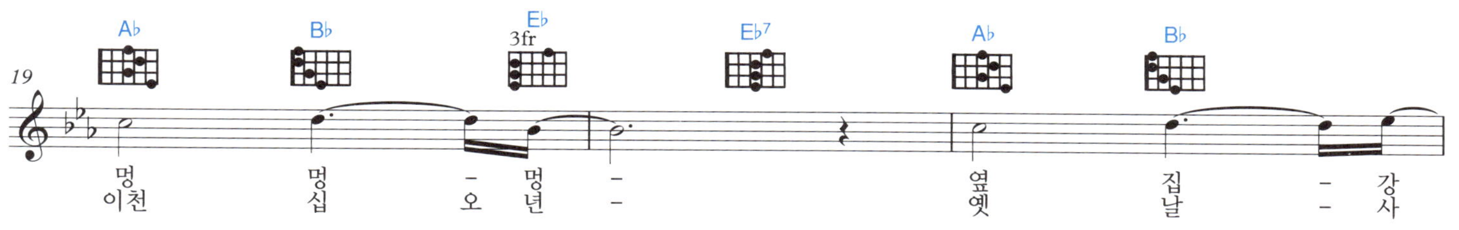
Ab Bb Eb 3fr Eb7 Ab Bb
이천 명 십 오 명 년 옛 집 강
명 명 옛 날 사

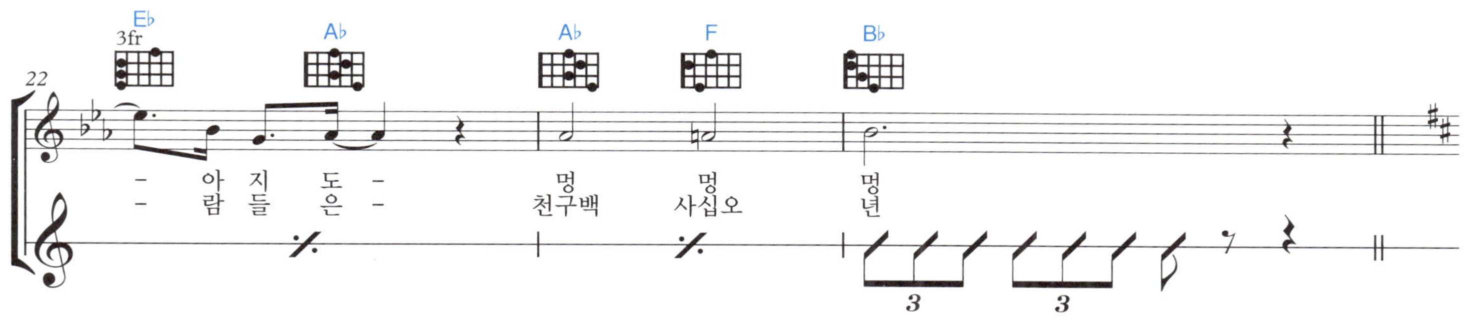
Eb 3fr Ab Ab F Bb
아 지 도 명 명 명
람들은 천구백 사십오 년
3 3

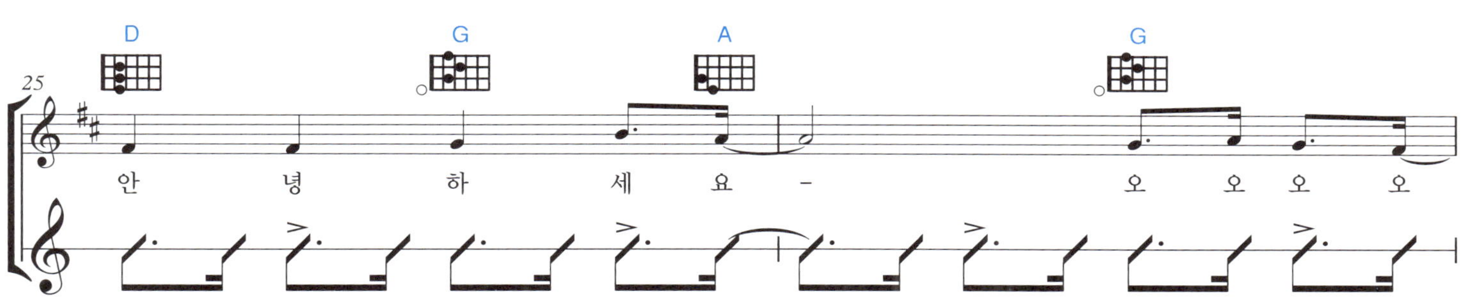
D G A G
안 녕 하 세 요 오 오 오 오

D G C G D G A
샤 라랄 라 라 랄 라라라 잘 가 세 요

NO COPY
G   D   G   C   G
오 오 오 오 - 샤 라랄 라 라 - 랄 - 라 라 라
1.
D G A   D A G
2.
Bm   F#
F#   Bm
F#   D G A
D A G
24

좋은 꿈 꾸었 니 -
좋은 아침 이 야 -
내 일 또 - 보자 -

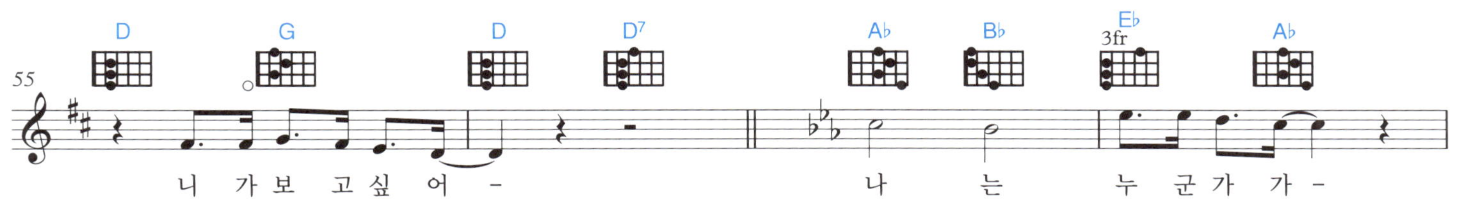

니 가 보 고 싶 어 -
나 는 누 군 가 가 -

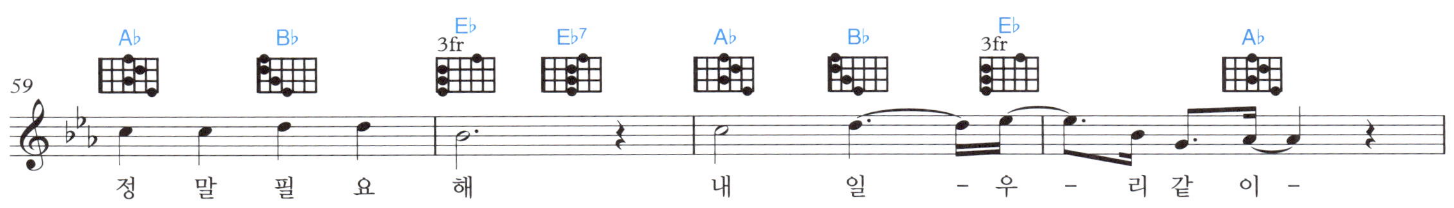

정 말 필 요 해
내 일 - 우 - 리 같 이 -

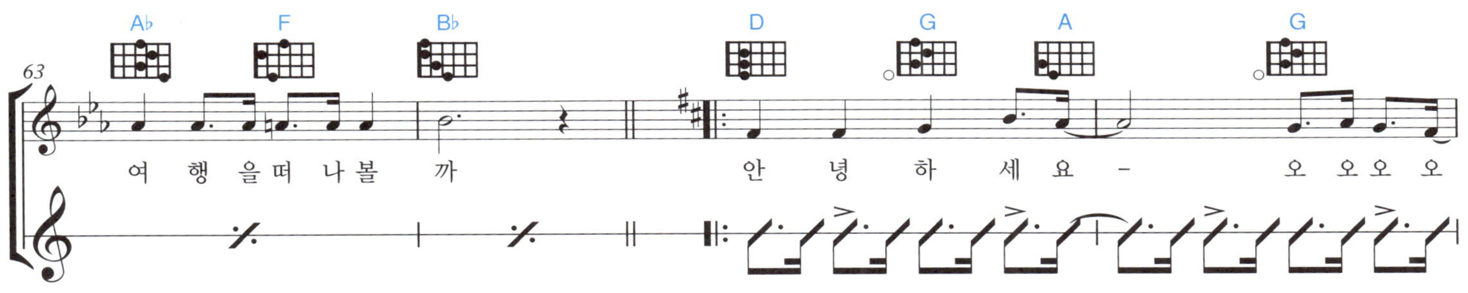

여 행 을 떠 나 볼 까
안 녕 하 세 요 -
오 오 오 오

- 샤 라 랄 라 라 - 랄 - 라 라 라
잘 가 세 요

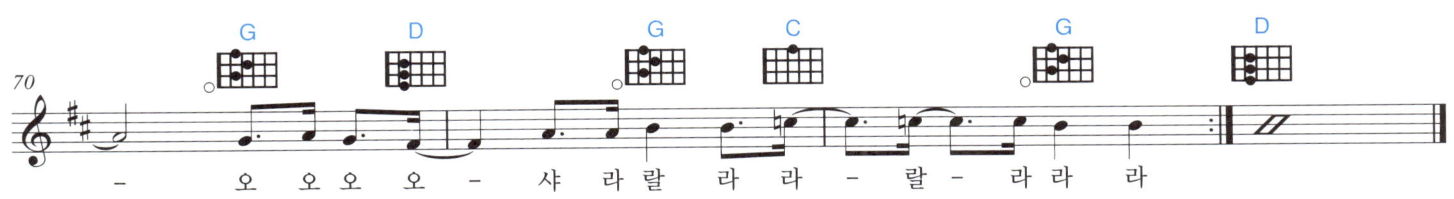

- 오 오 오 오 - 샤 라 랄 라 라 - 랄 - 라 라 라

애상

이승호 작사
윤일상 작곡
10cm 노래

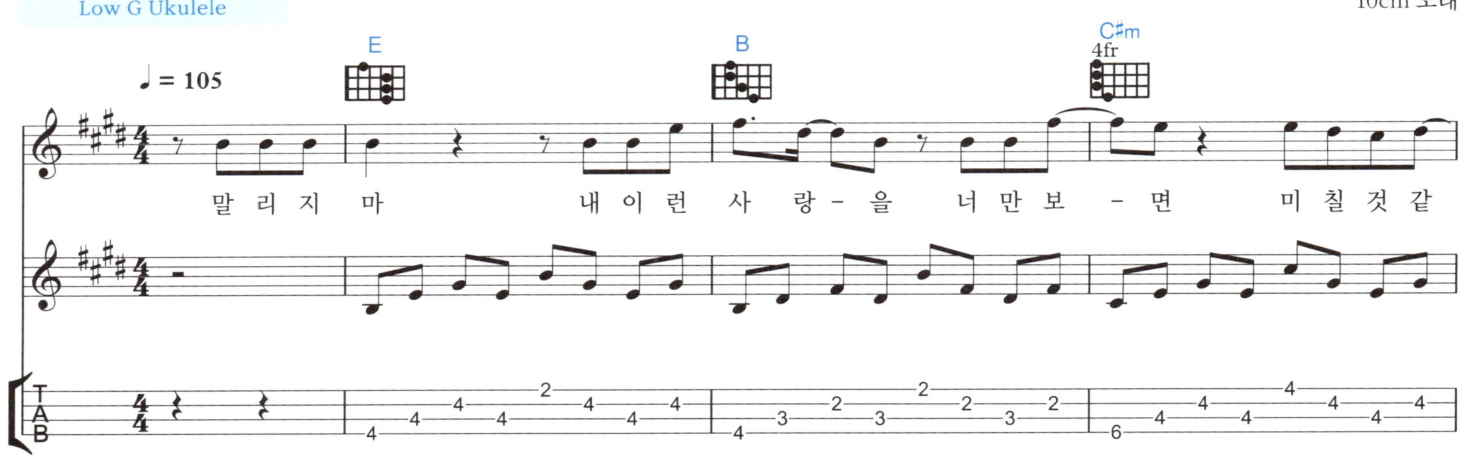

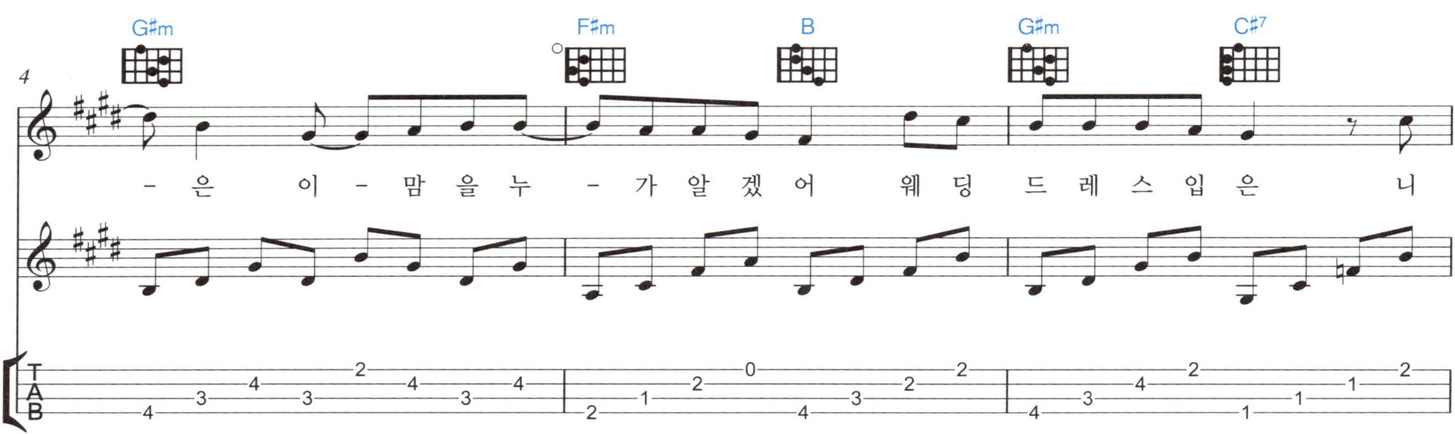

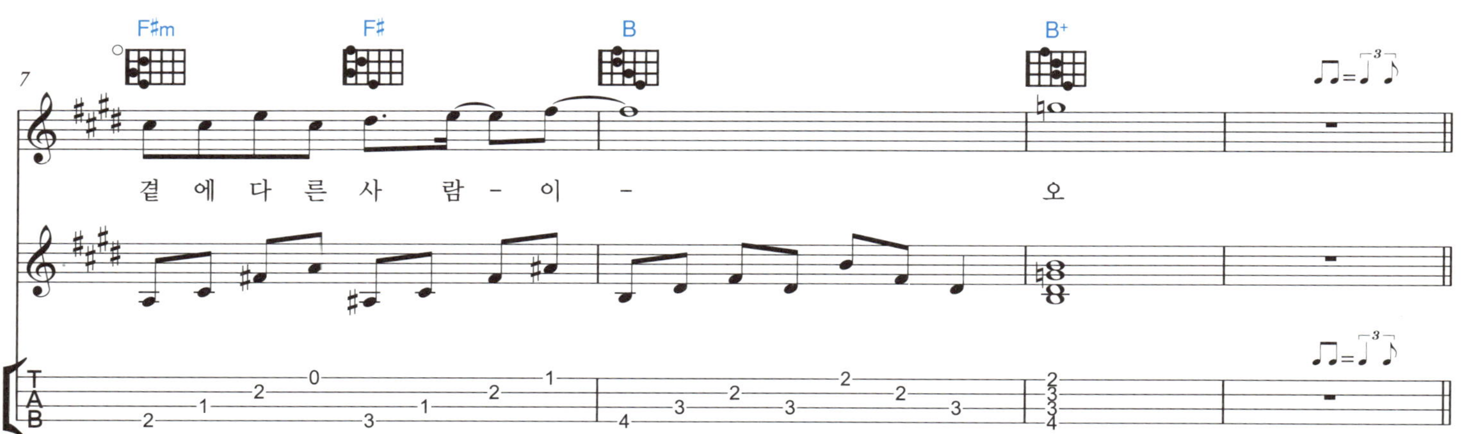

NO COPY
오 오 아 야 야 아
알 잦
아 너를이토 - 록 사 랑 - 하 며기다린나를 - 뭐 가
- 너를보았 - 지 다른 - 남자품안에너를 한번도
그 리 바 쁜지 너무 보기힘들어 넌 도대체 뭐하고 다니니 그게아
볼수없었던 너무 행복한미소 내 사랑은 무너져 버렸어 그게아
야 이유는 묻지마 그냥믿 - 고 기다려주 - 겠니 내게도
야 변명이아니라 그남자 - 는 나완상관 - 없어 잠시나
사랑을위한 시 간이필요해 널 받아들일수있게 -
어지러워서 기 댄것뿐이야 날 오해하지말아 줘 -

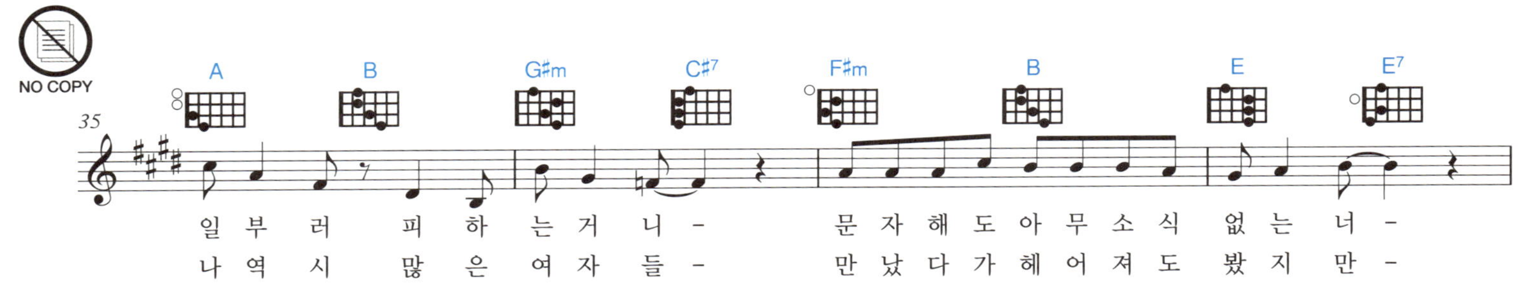
일부러 피하는거니 - 문자해도아무소식 없는너 -
나역시많은여자들 - 만났다가헤어져도 봤지만 -

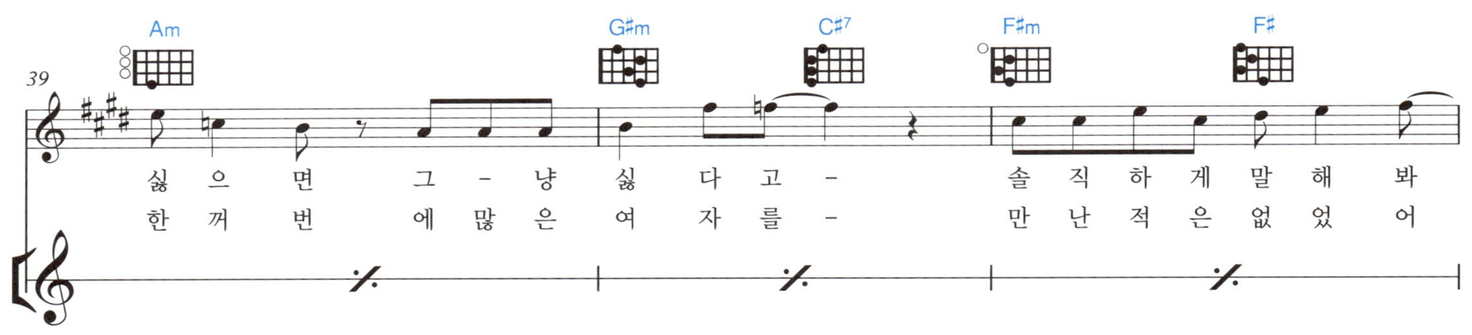
싫으면 그 - 냥싫다고 - 솔직하게말해봐
한꺼번 에많은 여자를 - 만난적은없었어

- 말리지마 내이런 사랑을 너만보 - 면 미칠것같 - 은이 - 맘을누
- 니가뭔데 날아프게하니 너때문 - 에 상처되버 - 린내 - 사랑이

- 가알겠어웨딩 드레스입은 니곁에다른사람이 - 난두려
- 제다시는너의 어떤만남도 나같은사람없을걸 - 난두려

워 나보다더멋진 그런남 - 자 니가만날 - 까봐 아니야
워 나역시다시는 이런사 - 랑 할수없을 - 까봐 믿을수

그렇지않아 정말너하나뿐야 속는셈치고한번믿어
없겠지만은 니가첫사랑인데 떠나버리면어떡하라

봐
우 연 히 고
사 랑 까 지 는 바 라 지 도 않 을 게 니 곁 에 항 상 있 게 만 해 줘 제
발 제 발
우크페페 우쿨렐레 소품집 Vol.2 29

위잉위잉

오혁 작사
오혁 작곡
혁오밴드 노래

♩ = 125

Gm7   C7   Am7   D7
21
빙   빙   돌 아 가 는 - 세 상 도 나 를 비 웃 듯 이 계 속 꿈 틀 대 죠

Gm7   C7   Am7   D7
25
Tell me Tell me please - don't tell 차 라 리 듣 지 못 한 편 이 내 겐 좋 을 거 야

Gm7   C7   Am7   D7
29
Tell me Tell me please - don't tell 차 라 리 보 지 못 한 편 이 내 겐 좋 을 거 야

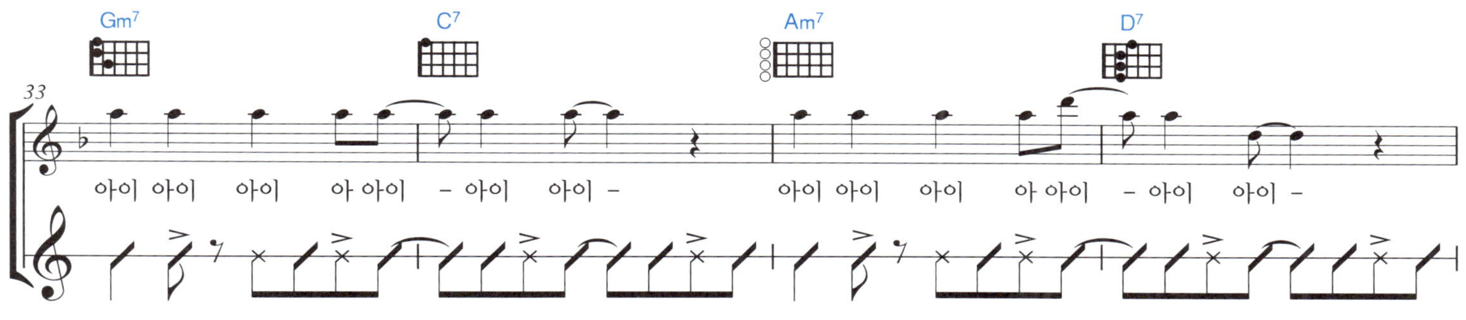
Gm7   C7   Am7   D7
33
아이 아이 아이 아 아이 - 아이 아이 -   아이 아이 아이 아 아이 - 아이 아이 -

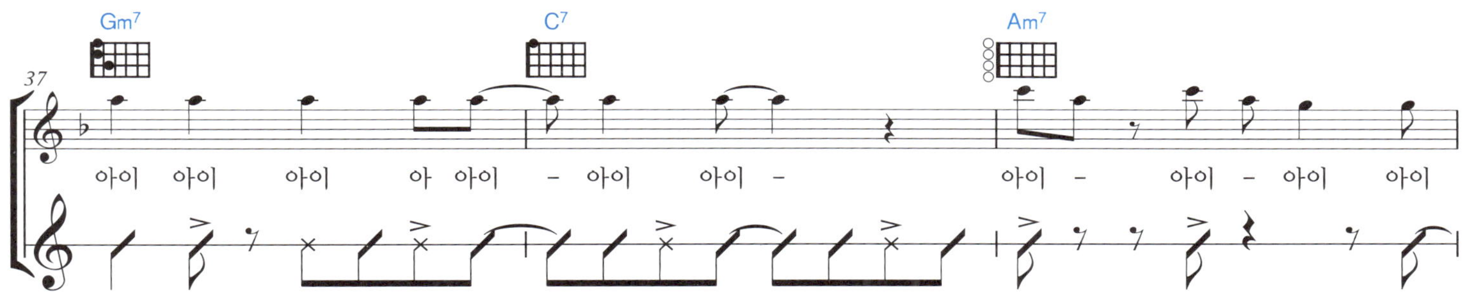
Gm7   C7   Am7
37
아이 아이 아이 아 아이 - 아이 아이 -   아이 - 아이 - 아이 아이

D7   Gm7   C7
40
- 아이 아이 사 람 들 북 적 대 는 출 근 길 의 지 하 철 엔 좀 처 럼

Am7 D7 Gm7 C7
카드 찍고 타 볼 일이 전혀 없죠 집에서 뒹글뒹글할 일 없이 빈둥대는 내 모습

Am7 D7 Gm7 C7
너무 초라해서 정말 죄송하죠 윙 윙 하루살이도 - 처량한

Am7 D7 Gm7 C7
나를 비웃듯이 멀리 날아가죠 빙 빙 돌아가는 - 세상도

Am7 D7 Gm7 C7
나를 비웃듯이 계속 꿈틀대죠 - 쌩 쌩 칼바람도 - 상처난

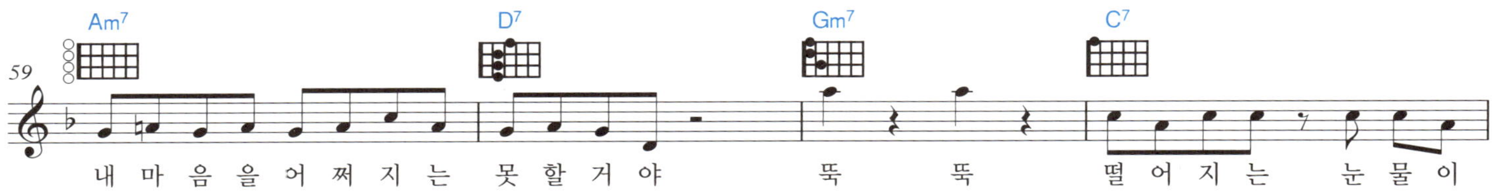
Am7 D7 Gm7 C7
내 마음을 어쩌지는 못할 거야 뚝 뚝 떨어지는 눈물이

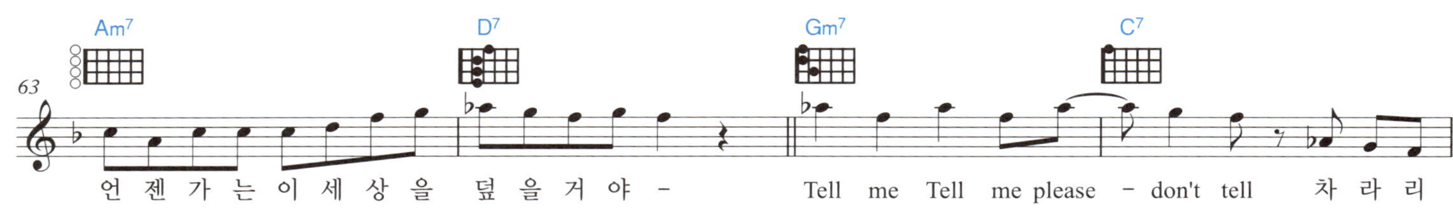
Am7 D7 Gm7 C7
언젠가는 이 세상을 덮을 거야 - Tell me Tell me please - don't tell 차라리

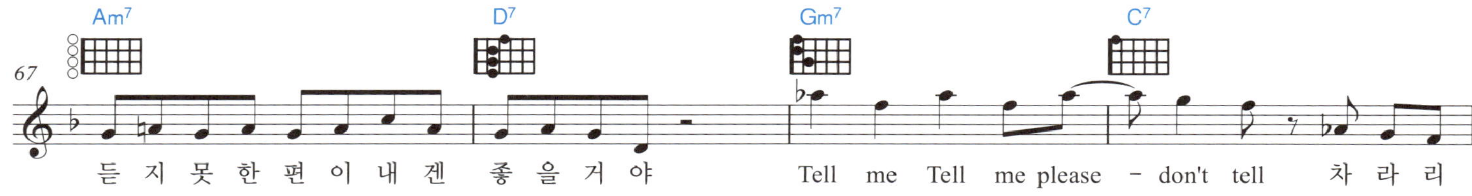
Am7 D7 Gm7 C7
듣지 못한 편이 내겐 좋을 거야 Tell me Tell me please - don't tell 차라리

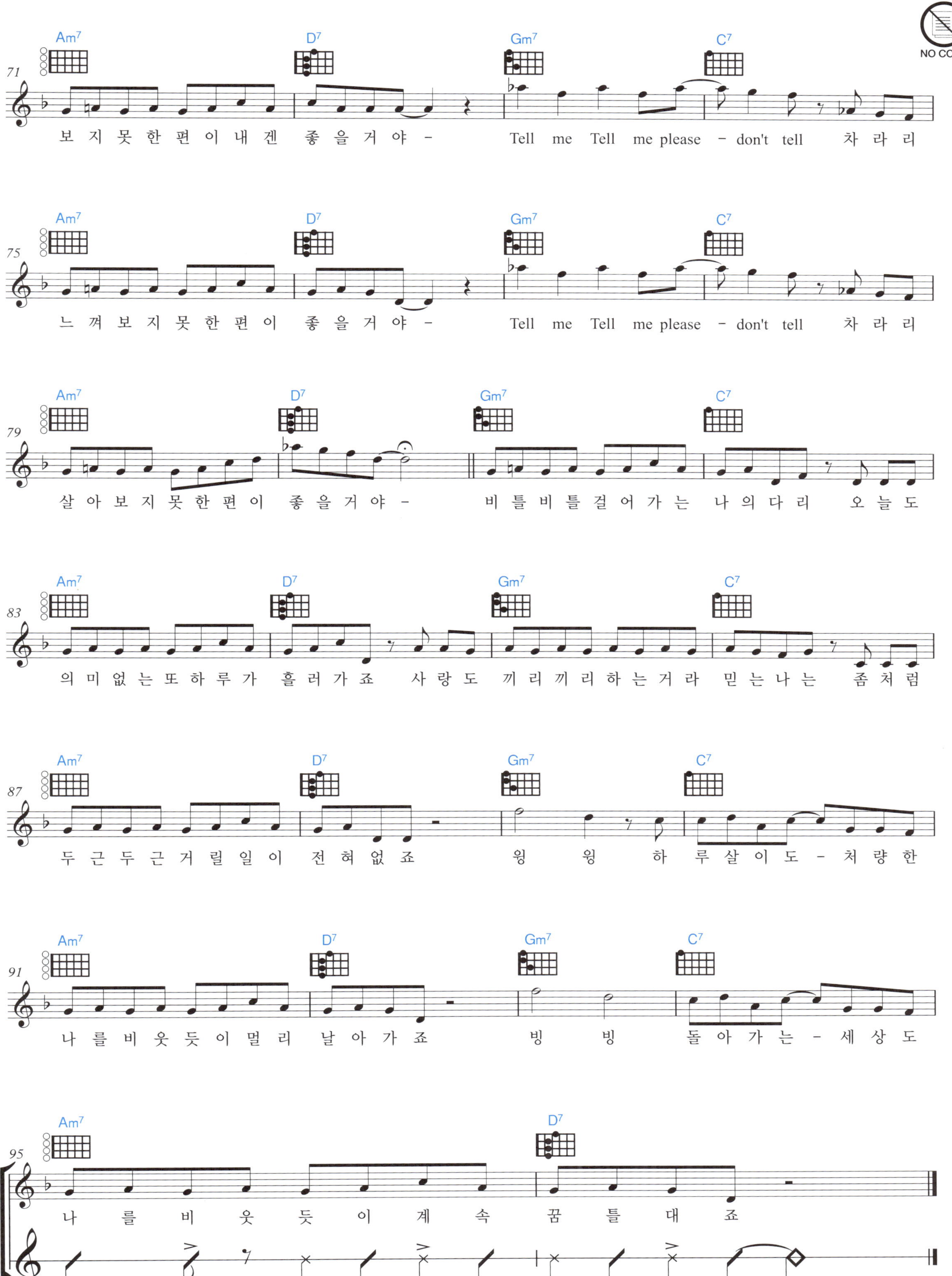

보 지 못 한 편 이 내 겐 좋 을 거 야 – Tell me Tell me please – don't tell 차 라 리
느 껴 보 지 못 한 편 이 좋 을 거 야 – Tell me Tell me please – don't tell 차 라 리
살 아 보 지 못 한 편 이 좋 을 거 야 – 비 틀 비 틀 걸 어 가 는 나 의 다 리 오 늘 도
의 미 없 는 또 하 루 가 흘 러 가 죠 사 랑 도 끼 리 끼 리 하 는 거 라 믿 는 나 는 좀 처 럼
두 근 두 근 거 릴 일 이 전 혀 없 죠 윙 윙 하 루 살 이 도 – 처 량 한
나 를 비 웃 듯 이 멀 리 날 아 가 죠 빙 빙 돌 아 가 는 – 세 상 도
나 를 비 웃 듯 이 계 속 꿈 틀 대 죠

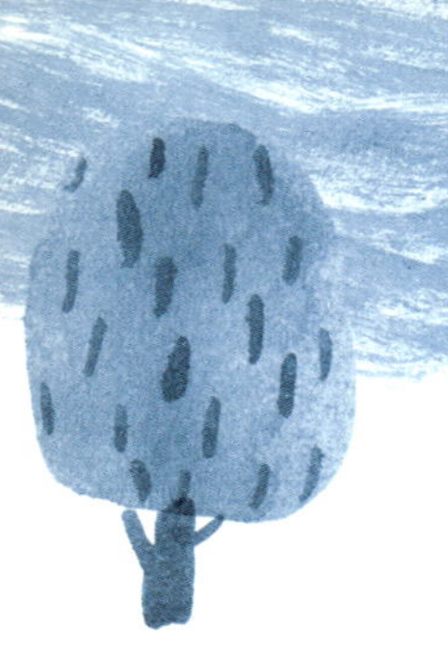

좋아 좋아

나들 작사
나들 작곡
이병훈 편곡
우쿨렐레피크닉 노래

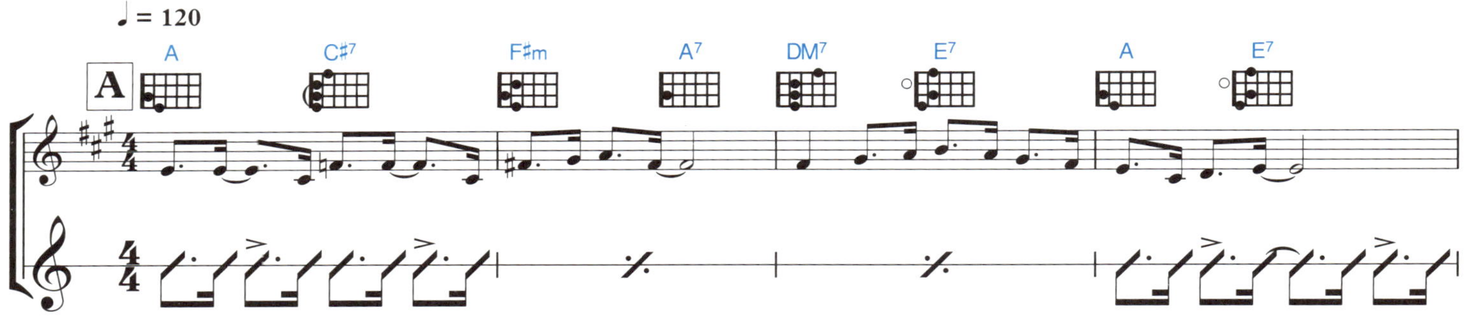

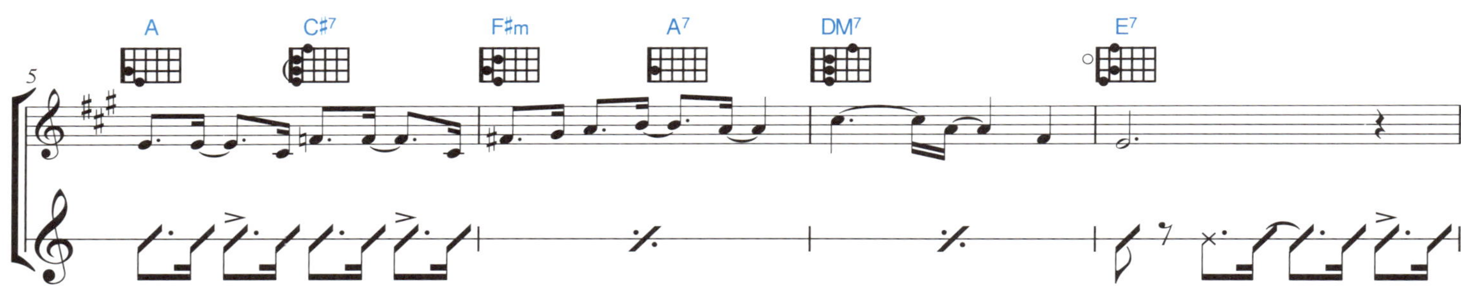

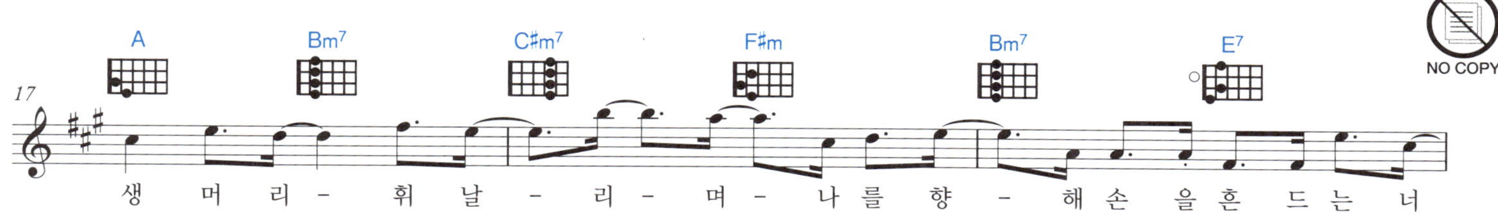

A Bm7 C#m7 F#m Bm7 E7
생 머 리 - 휘 날 - 리 - 며 - 나를 향 - 해 손 을 흔 드 는 너

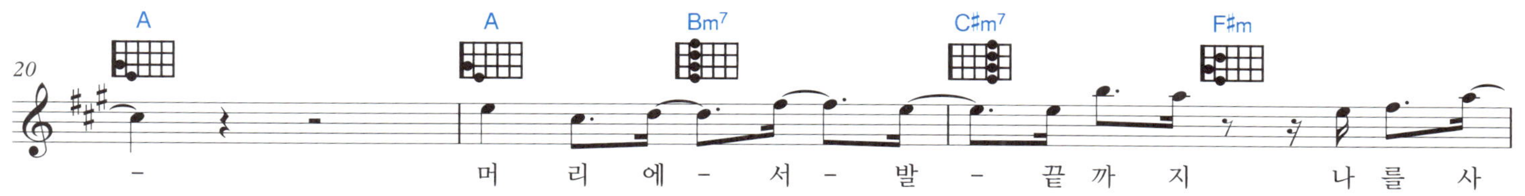

A A Bm7 C#m7 F#m
- 머 리 에 - 서 - 발 - 끝 까 지 나 를 사

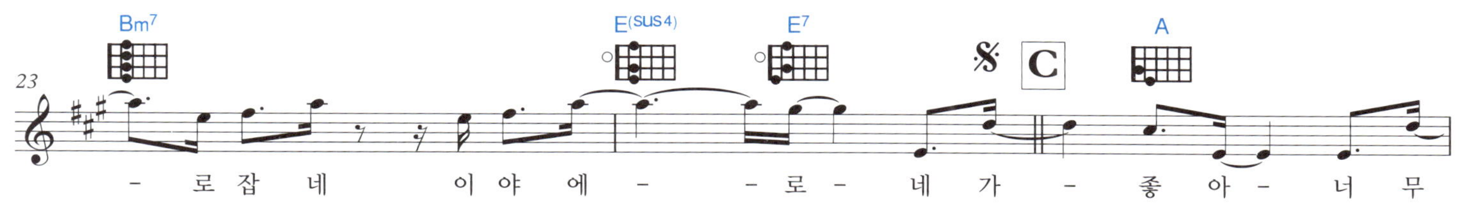

Bm7 E(SUS4) E7 C A
- 로 잡 네 이 야 에 - - 로 - 네 가 - 좋 아 - 너 무

C#7 F#m F#m7 D E7 A
- 좋 아 - 모 든 걸 주 - 고 싶 어 - 너 에 - 게 만 - 은 - 내

C#7 F#m F#m7 D E7 A
- 마 음 - 난 꾸 미 고 싶 - 지 않 아 - 언 제 까 지 - (언 제 까 지

A E7 F7 E7
-) 너 와 함 께 (너 와 함 께 있 을 거 야 에 - - 에 -)

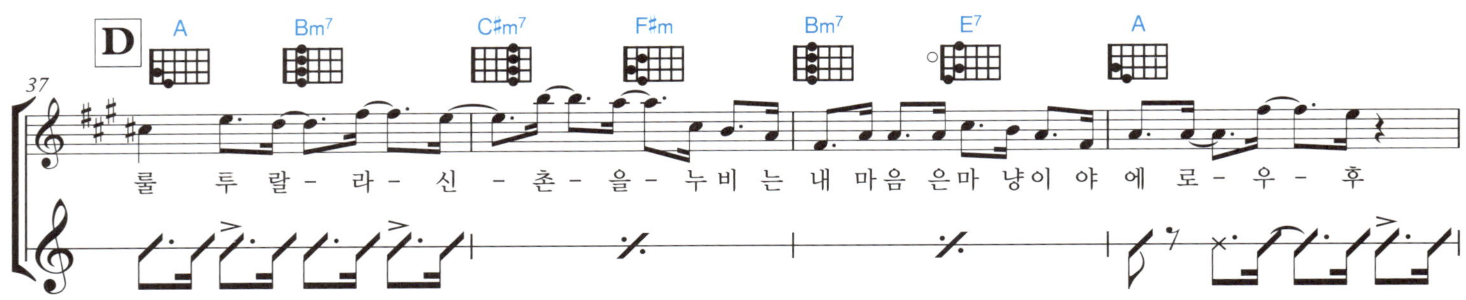
D
A Bm7 C#m7 F#m Bm7 E7 A
룰 투랄 라 신 촌 을 누비 는 내 마음 은마 냥이 야 에 로 우 후

A Bm7 C#m7 F#m Bm7 E7 A E7
여 보세 요 나 의천 사 어떻게 내 마음 을훔 쳤나 요 우 후

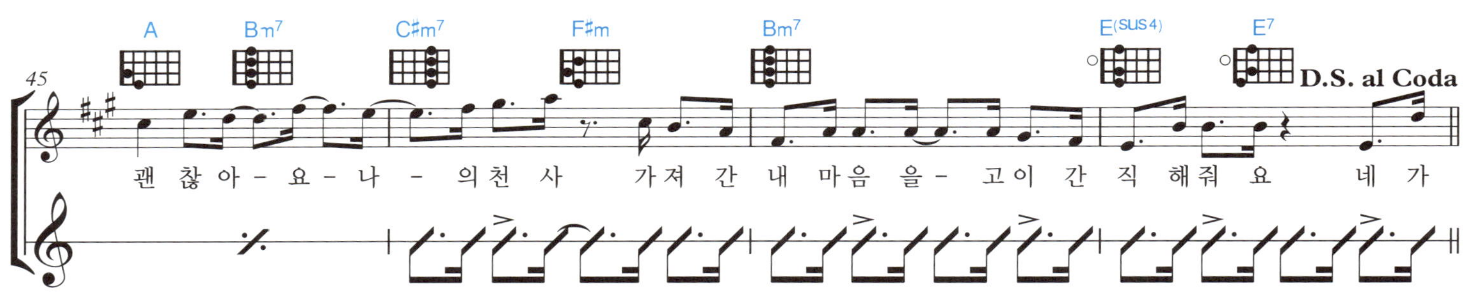
A Bm7 C#m7 F#m Bm7 E(SUS4) E7
D.S. al Coda
괜찮아 요 나 의천 사 가져 간 내 마음 을 고이 간 직해줘요 네 가

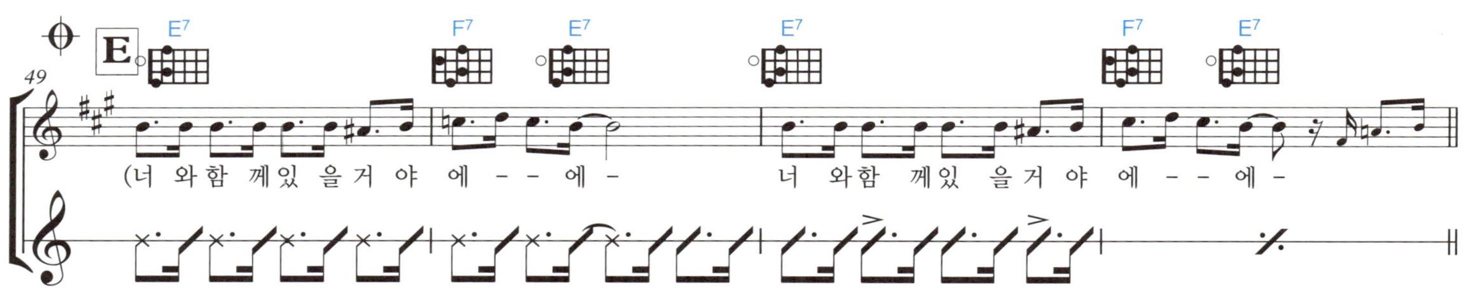
E
E7 F7 E7 E7 F7 E7
(너 와함 께있 을거 야 에 에 너 와함 께있 을거 야 에 에

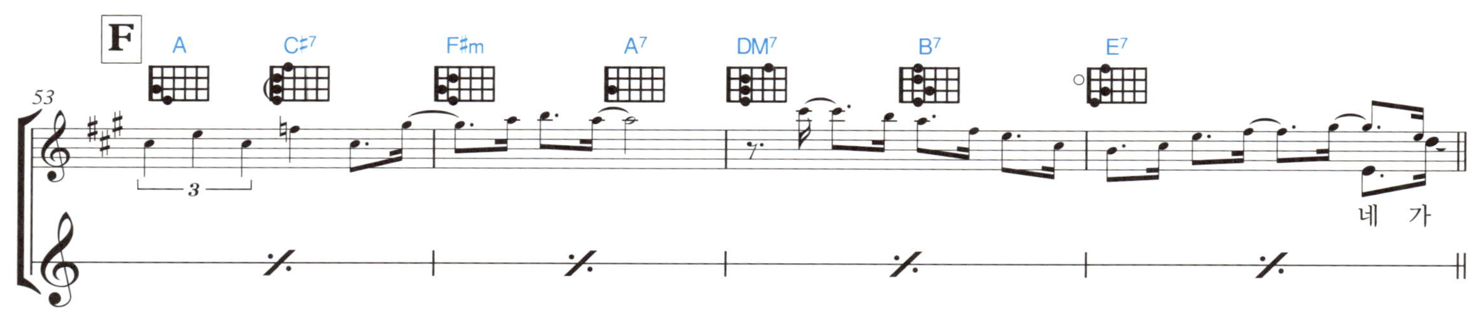
F
A C#7 F#m A7 DM7 B7 E7
3
네 가

좋 아 너 무 좋 아 모 든걸 주 고싶 어 너 에 게 만 은 내

마 음 난 꾸 미 고 싶 지 않 아 네 가

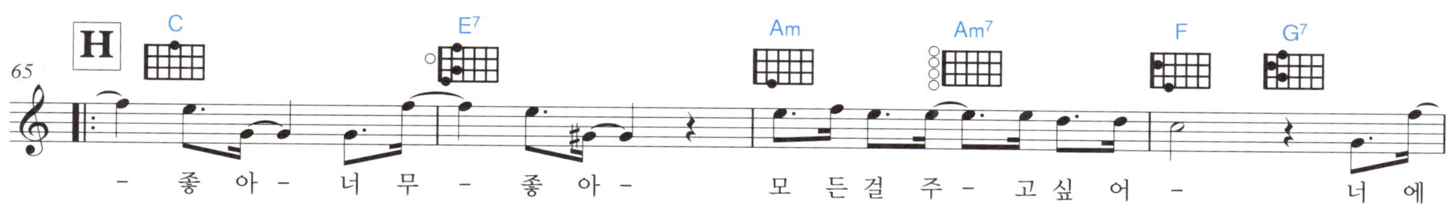

좋 아 너 무 좋 아 모 든걸 주 고싶 어 너 에

게 만 은 내 마 음 난 꾸 미 고 싶 지않 아 네 가

언 제 까 지 (언 제 까 지) 너 와함 께 너 와함 께 있 을 거 야

에 에 나 도함 께 있 어 줄 게 오 호 호 호

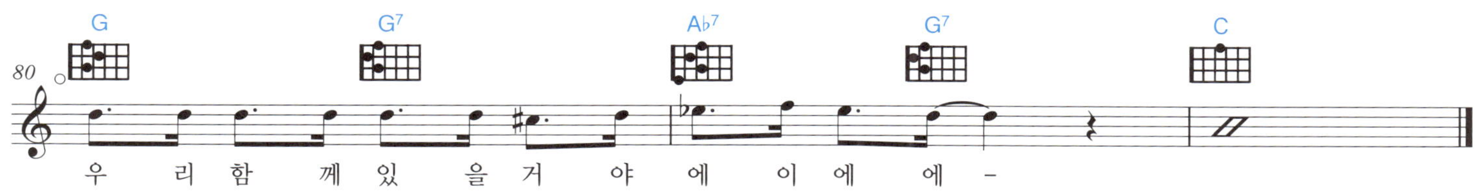

우 리 함 께 있 을 거 야 에 이 에 에

What a Wonderful World

Gorge Davie Weiss 작사
Gorge Davie Weiss 작곡
Louis Amstrong 노래

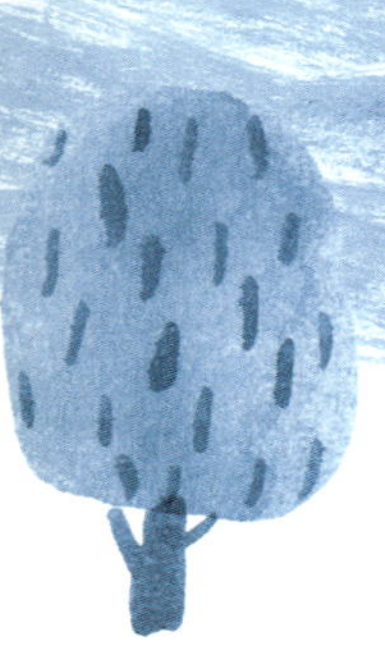

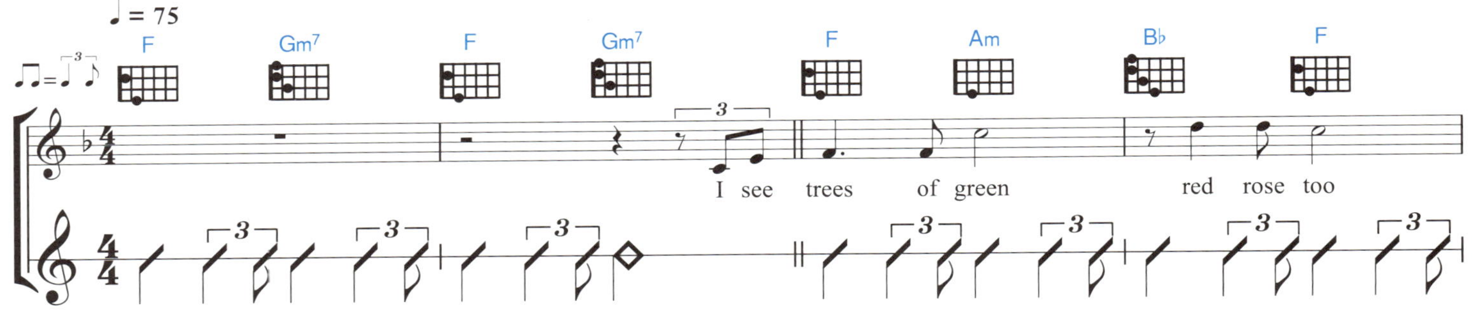

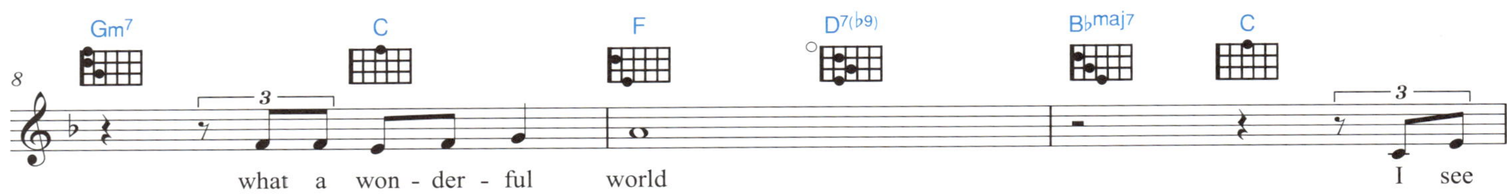

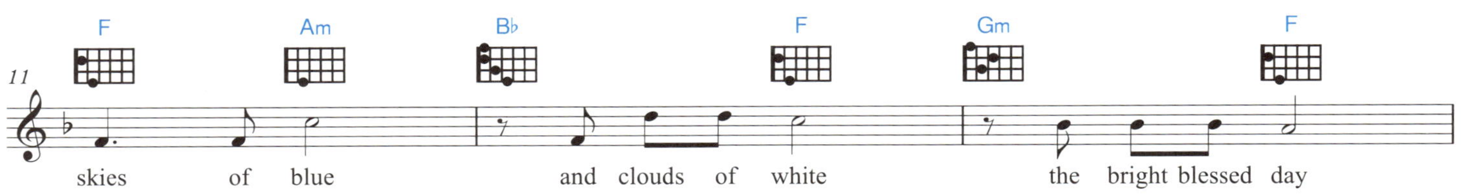

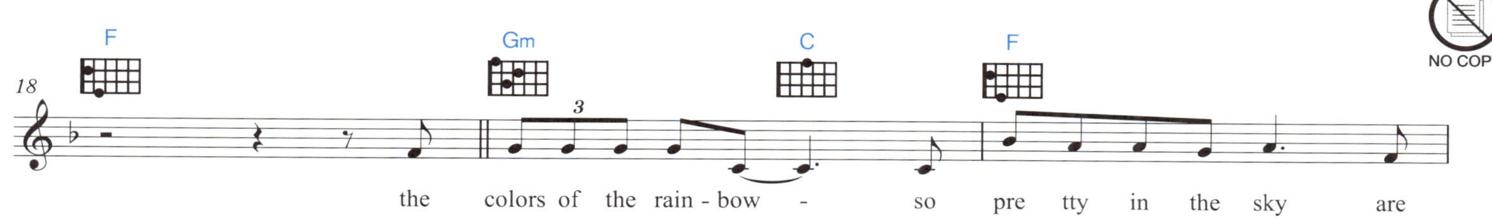

F   Gm   C   F
the colors of the rain-bow - so pre tty in the sky are

Gm   C   F   Dm   Am
al so on the fa ce of peo-ple - go ing by I see friend sha-king hands - say-ing

Dm   Am   Dm   D7   Gm   C
how do you do   they-'re real-ly saying   I love you   I hear

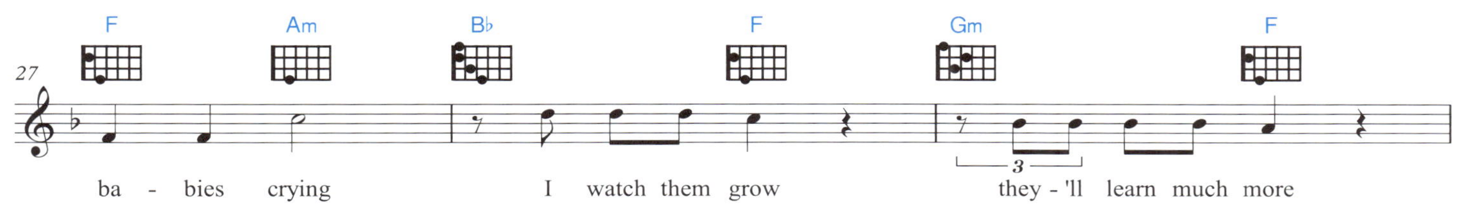

F   Am   Bb   F   Gm   F
ba - bies crying   I watch them grow   they-'ll learn much more

A7   Dm   Db7   Gm7   C   F   Eb(#11)
than I'll ne-ver now and I think to myself   what a won-der-ful world

D   D7   Gm7   C(sus4)   C   F Gm7   F
yes I think to my-self -   what a won-der-ful world

우쿨렐레 소품집 Vol. 2

초판 1쇄 인쇄 2015년 9월 16일
초판 1쇄 발행 2015년 9월 23일

편저자 찰리
편 집 유경아
디자인 김옥분
영 업 현석호
관 리 김정숙
발행인 최우진
발행처 (주)스코어
등 록 2012년 6월 7일 제313-2012-196호
ISBN 979-11-5780-047-6(14670)

주 소 서울시 마포구 동교로 13길 34(121-896)
전 화 02)333-3705
팩 스 02)333-3745
www.allmusicscore.com
www.openhousebooks.com

판매원 오픈하우스

이 도서의 국립중앙도서관 출판시도서목록(CIP)은 서지정보유통지원시스템 홈페이지(http://seoji.nl.go.kr)와
국가자료공동목록시스템(http://www.nl.go.kr/kolisnet)에서 이용하실 수 있습니다.
(CIP제어번호: CIP2015019634)